AF599162

GERMÁN TERRÓN FUENTES

LA SOLEDAD DE MIS ZAPATOS

GERMÁN TERRÓN FUENTES

LA SOLEDAD DE MIS ZAPATOS

Prólogo
BELÉN MATEOS
FRAN PICÓN

HUERGA & FIERRO editores

Diseño de Colección: Huerga y Fierro

Primera edición: 2025

C/Sebastián Herrera, 9
28012 Madrid-España
Telf.: 91 467 63 61
www.huergayfierro.com
huerga@huergayfierro.com

I.S.B.N.: 978-84-12907-6-4
Depósito Legal: M-2462-2025
Impreso en Romadac Industria del Libro
Impreso en España/Printed and made in Spain

Prólogo

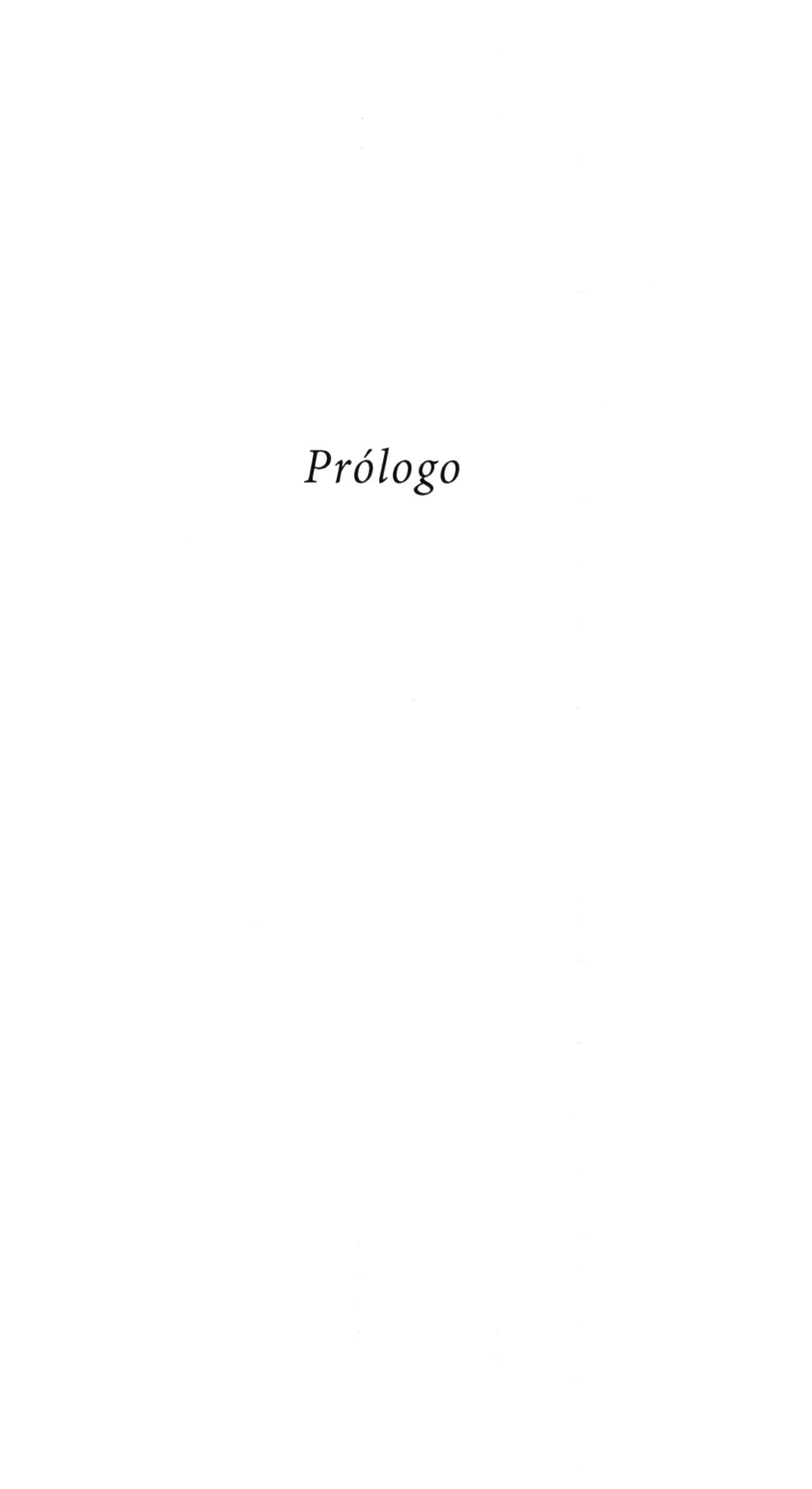

De soledades y zapatos

Germán Terrón camina sobre papeles mojados de cielo, sobre la luz de la sombra olvidada en lo infinito, sobre la fragilidad de los huesos y la sangre en el líquido amniótico de los versos, en ese sermón envenenado de muerte.

Dale a mi soledad zapatos nuevos, nos pide un poeta, y el camino será un aprendizaje perpetuo, nos invita a pensar; y el itinerario se inicia sobre el papel, porque la aventura del folio en blanco nace en cada jirón de piel que pierde Germán cuando escribe, esa escritura que, por más que nos diga el autor, nos hace imposible olvidar donde está el cielo pues, en cada verso de este poemario, fluye una sensibilidad y un compromiso que dan sentido a eso que llamamos poesía.

Es huella de vida en el hiriente poema, en el columpio que se balancea en la higuera, en los sueños rotos de una mirada abierta al pasado, en la resurrección de una sonrisa, en la afilada tiniebla que llueve llanto.

En la fragilidad aparente de un hombre nace la fuerza incontenible de un poeta de arte mayor, y no porque escriba versos alejandrinos, sino porque en sus poemas alcanzamos a entender el valor inmarcesible de la literatura, de una literatura con mayúsculas, por más que, además, sepa nuestro poeta hacer de menos más, de que con tan pocas palabras sea capaz de provocar un océano de emociones y, no sólo eso, sino también nos incite a practicar un ejercicio hermoso de introspección y reflexión.

El autor vence su corazón ante la guerra, ante una infancia refugiada en el pecho de la metralla, en la mentira de los discursos, en el aroma a vida que se deshace por todos los rincones del mundo, por los latidos desconcertados bajo el paraguas del tiempo.

Un pobre y loco poeta, Germán, que deja una impronta de autenticidad en cada lector que asume la maravillosa aventura leyendo una soledad de unos zapatos que nunca están huérfanos de talento.

Anida en él la rebeldía en cada verso, en cada imagen, en la metáfora atrincherada en los muros de la muerte, en la tez de un pájaro sin nido, en el vino despojado de culpa y servido con ponzoña.

El autor dice hablar sin miedo a la muerte y, quizá sea porque escribe a corazón abierto, a pecho descubierto, sin más protección que la de saber que en su corazón sigue habiendo un lugar para la esperanza, por más que en uno de sus poemas nos proclame que su corazón está vencido. El poeta se niega a ser lágrima que se pierda en la nada de la indiferencia, a ser una muerte prematura en vida, a ser un ciego que no quiere ver, porque su voz, que ahora es diferente, es un grito silencioso en la conciencia de un mundo que se pierde en su prisa y en su egoísmo.

El poeta clama a sus asignaturas pendientes, al intento de ser humano, a esas lesiones de amor, perdón y olvido, a la tierna hogaza para saciar la hambruna de la esperanza, a la locura de sentirse vivo.

Un poeta auténtico lo es hasta sus últimas consecuencias, y Germán Terrón lo es, un poeta, quizá, en peligro de extinción, pero con la fuerza que le da la propia certeza de sus principios vitales o, tal vez, la verdad absoluta de esa brizna de locura que le permite afrontar la aparente cordura de la vida; esa pérdida de la razón que evita la aparición de monstruos y le permite sentirse plenamente vivo. Un estar vivo por el que se niega a pedir perdón.

La humildad precede a lo escrito, al silencio alejado de todo grito, a la nostalgia agitada en el vagón de un tren sin ningún destino, a la voz carente de magia y quebrada en la hondura de lo desconocido.

En el devenir poético de unos zapatos solitarios el papel da paso a los trenes, a los recuerdos, a los sueños y, también, a los golpes de realidad; una realidad que, a veces, chirría en los raíles de unos vagones que parten del andén del ahora para perderse en la estación del nunca. Un viaje en el que el autor lamenta todos y cada uno de los pecados que no se atrevió a cometer en ese transitar por tantos desiertos en los que la arena no dejaba ver la esencia de cada grano.

Germán apura cada calada al cigarrillo de la vida, al temblor de un instante, a la soledad hecha de realidad y virutas de irrealidad, a ese beso inesperado que nunca fue besado apurando la poesía en su más alto grado de dolencia.

Un trayecto vital siempre tiene momentos en los que el amor y la supervivencia forman parte de él, y así nos lo muestra este poemario, amor que a veces es amargura, amor que es tantas veces desamor y tristeza, amor y supervivencia que son parte de esa infinita y hermosa aventura que es vivir.

Encontramos en este poemario su columna vertebral que araña con un lenguaje depurado, libre, íntimo, con ese pálpito que nos devuelve a la vida después de haber devorado el epitafio de su lucha, recuerdo, dudas y luz en cada renacimiento descalzo de esos zapatos que tan maravillosamente sabe calzar.

Y el camino, como tantos otros caminos, hay momentos en los que se estrecha y duele, del que cuesta salir, del que parece imposible que podamos huir, un camino que convierte en deterioro todo cuanto forma parte de él, un camino que termina por convertirse en supervivencia de una realidad que, quizá, no sea la deseada. Una realidad en el que el amor puede llegar a ser un hermoso epitafio que siempre se escribe mañana.

La soledad de los zapatos acaba en un camino sobre la propia sangre, en una orfandad de corazón, pero el camino prosigue, y cada paso es una victoria sobre la resignación de un poeta que es grito y es amor, un hombre que sigue viviendo la utopía de ser feliz sin morir en el intento.

Belén Mateos
Fran Picón

LA SOLEDAD DE MIS ZAPATOS

Dale a mi soledad zapatos nuevos,
que mi corazón
aprende rápido a caminar.

Caminos sobre papel...

Soy un ser humano
con muchas contradicciones
que hace canciones
para combatir el miedo

CESAR DE CENTI

Que hago yo aquí

No sé qué hago aquí
en este pueblo tan vacío
y sin mí.

Tengo que dejar de andar por estas calles tan tristes
y oscuras de noches sin faroles,
irme mejor contigo al cine sin pensarlo,
ya hablaremos después si mereció la pena.

Que este dolor, que tanto conozco
no sea lo primero que vea al despertarme
sino que fueras tú, aunque no sepa
si aún me quieres.

Fue un error haber entregado tanto amor
sin guardarme un poco en la nevera,
porque después llegan los inviernos
y la soledad es una compañera muy fría.

Tengo que dejar de beber
tanta sangre de las heridas del mundo
y entregarme a los placeres del mar y la libertad
y aprovechar este trozo de cama que me queda
con tus manos, con otras
o con las mías.

Definitivamente,
tengo que dejar de andar
por estas calles tan tristes y oscuras
de noche y sin faroles.

Hemos olvidado cómo era el cielo

No hay problemas pequeños
sino ojos pequeños
DAVID BERIAÍN (Periodista asesinado)

Nos hemos olvidado de cómo era el cielo,
y el amor sigue ahogándose en el barro de la ignominia.
La Naturaleza desconoce el sufrimiento humano.
—bastante tiene ella con salvarse—

Es la muerte de la luz,
el transformismo humano hacia la sombra,
donde lo propio es el mayor problema
y lo ajeno, creemos que está tan lejos,
que ni siquiera
somos capaces de ver.

Hemos olvidado cómo era el cielo,
la felicidad que traía consigo un abrazo,
la ternura de una mirada de amor
que traspasaba lo infinito.

Hemos olvidado cómo era el cielo
y perderemos de vista el vuelo de los pájaros
que llevaban los sueños a otros mundos.

Estoy triste, os digo poetas,
porque los humanos, hemos olvidado
de cómo era el cielo.

Fragilidad

Amiga mía...

Si tú supieras
como necesito un corazón que comprenda
que sin ternura la vida se hace más ofensiva
y vivir se hace más difícil.

Si tú supieras
que soy frágil y me rompo fácilmente,
quizás porque mis huesos y mi carne
nacieran de un vientre tierno
lleno de un líquido amniótico
repleto de amor.

Si tú supieras
que de niño, cualquier dolor
se filtraba por los poros más pequeños de mi piel
y andaba llorando a escondidas
para que otros niños no se rieran de mí.

Y ahora, amiga mía,
a esta edad madura a la que me llevó el tiempo,
creo que aquella debilidad no fue un castigo,
porque consiguió hacerme más humano
y que conociera más profundamente
lo que era el amor.

Soy yo

Porque la poesía
no puede ser cómplice de los silencios,
soy el que escribo para tocar la herida,
el que para ser oído,
da volumen al dolor.

Aquel que muestra al mundo
la sangre que inútilmente se derrama,
el que quiere obligaros a gritar,
porque no me gusta la promesa del Reino de los Cielos
a los pobres de la Tierra,
quiero el cielo ya,
aquí y ahora, sin esperar a la muerte
aquí y ahora,
quiero el amor.

Soy, el sermón envenenado
que nunca oirás en las iglesias,
un verso suelto de la calle,
amor mojado
en la esquina de cualquier callejón.

Ese pobre y loco poeta
soy yo.

Huella

Si algo ha de existir después de mi muerte,
que sea unas gotas de mi sangre en otros cuerpos,
la huella imperceptible de unos besos de amor
y unos versos,
que se atrevieron a pasar por mi vida.

Recuerdos

En el tiempo se abre un hueco finito,
y allí está la muerte esperando
a que le ofrezcas la carne enganchada en tus huesos
por un fino milagro de la vida.

Mientras tanto, aspiro todavía
al olor de la primavera
y a volver, como si aún se pudiera,
al patio donde mi madre plantaba los helechos
y los geranios
y donde mis hermanos me empujaban
el columpio sobre la higuera.

Eso puede ser fácil, si sueño y cierro los ojos
dejando una sonrisa abierta en mis labios,
porque el amor siempre regresa a tu corazón
de cualquier manera.

Y mientras llega ese hueco
que abre el tiempo bajo los pies de la vida,
yo seguiré soñando, como si aún se pudiera
resucitar los recuerdos de mi infancia
en primavera.

No me canso

Aunque este mundo sea cada día
más gris, como la amargura,
o como el humo que levanta las llamaradas
del infierno, mis manos,
no se cansan nunca de abofetear
al diablo y a las tinieblas.

Aguantar

Hablo sin miedo de la muerte,
a sabiendas de su cuchillo afilado,
a sabiendas de que estos días
me mira de reojo.

Pero yo le digo a mi corazón,
que a veces me falla,
que se acelera con fuerza y palpita,
que aguante.

Que resista un poco más,
porque todavía llevo
mucho amor y demasiado llanto
dentro de mí.

Engranaje

Algo falla
en el engranaje de este mundo,
quizás un corazón
que no fuera de hierro.

Algo me falla, aquí adentro,
quizás me sobre dolor en las entrañas,
para que no me dañe tanto
la vida.

Corazón vencido

Era todavía un niño
y ya guardaba en mi pecho
esquirlas de metralla de todas las guerras del mundo.
Porque bajo aquel tenue resplandor
se escondía
un corazón vencido.

Latidos

La poesía,
es la resistencia ante las inclemencias de la vida,
que bajo un sistema indecente, reivindica el amor
y lo humano,
reivindica la felicidad de las personas
ante la gran mentira que se esconde
detrás de los discursos,
de las crisis y del orden mundial.

Vivimos en una sociedad enferma,
absorbida por el consumismo
y todo lo que respiramos,
ya huele a humo.

Y aunque quizás, los poetas
sólo seamos una lágrima en un desierto de voces
en medio de tanto ruido,

yo sigo andando
por todos los rincones del mundo,
buscando cualquier cosa que me huela a vida,

escuchando los latidos del hombre
y su desconcierto de estar vivo.

Mañanas de domingo

Rodea el cielo la mañana de nubes
y en las esquinas del barrio
aparecen por todos lados hombres del tiempo
que discuten si desplegamos paraguas
o nos ponemos el sombrero.
Ante las dudas, en la tienda del chino de enfrente
se frotan las manos,
                                        allí tiene de todo.

Yo como siempre,
contrario a las leyes de la física y a los chismorreos,
salgo de casa a pecho descubierto
a ver si cojo un constipado de vida
y me atraviesan los ojos
alguna mirada ajena al sol y al rayo.

Pero con esas prisas de hormiga hambrienta
que a veces tengo,
me di cuenta que olvidé los zapatos.
Ya es tarde para subir cinco pisos,
tengo urgencia por encontrarte,
así que allá voy.
Cruzando el parque y las calles pies en tierra,
como un explorador en los desiertos.
Adicto al café y al cigarrillo de la mañana
busco salvajemente un bar que me abra las puertas.

Y ahora sí,
la ciudad a estas horas ya es mía
y la poesía me espera para reventarme la boca.

Muerte prematura

Para estar muerto, no hace falta morirse,
basta el vacío de la carne,
la sangre de este río tan seco
que es mi vida
y el amor escondido entre mis huesos.
Mil razones te daría
para explicarte esta muerte tan prematura,
qué si sigo vivo, es de milagro,...

el corazón que se me resiste,
y esta rebeldía
                    que me pervive.

Ciego corazón

Ciego corazón de los humanos
que abandonan el discurso de la ternura,
y dejan tormentas en las palabras
inundando los párpados de los niños
que se atrincheran
contra los muros de las casas
viendo pasar cicatrices por las aceras.

Pobres humanos sin el amor necesario
entre sus venas,
que confunden la vida con la muerte,
sin saber que ya están muertos
desde el día que nacieron.

Y yo que soy el ciego que lo ha visto todo,
el niño que quiso ser pájaro
pero que nunca alzó el vuelo,
conozco bien la tez de los difuntos,
el amargor de la desesperanza y el triste final
de todos mis sueños.

Violines

Hay un ciclón de vientos y tormentas
en mis sueños,
un torbellino, una mezcla
de vino y de sal...

¿Cuándo dejará de sonar
en mi cabeza, este coro de trompetas
y violines?

Renovación

Me he despiojado
para ver el mundo limpio de culpas,
para afrontar la vida y la muerte
sin miedo y con otra mirada.

He renovado la sangre del difunto
que llevaba dentro
y resucitar así la carne mía,
con nueva piel humana.

Y he limpiado de polvo mi traje
y de mentiras mi vida,
hasta dejarla impoluta,
limpia
y sin olor a nada.

Hoy os traeré nuevos versos
como hojas de árboles blancos,
un abrazo más grande
y más distinto,
un corazón rebelde y un grito,
y un amor
y un nuevo llanto.

Hoy tengo dentro una voz diferente
llamando a la esperanza.

Poeta humano

Que el veneno no asome nunca en mi piel,
que dejen hueco en mi pecho
las palabras. Que el perdón y el amor
sean los directores de las escenas
de mi vida.

Ser yo
hasta mis últimas consecuencias
y que luego decida la muerte mi destino.

Y es que a veces, hasta de las heridas
me olvido y encuentro la paz
en la esperanza.

Fue mi madre la que me dejó
estas enseñanzas. Fue ella, maestra
de las asignaturas más complejas
que tiene la vida.

Yo tan sólo fui su alumno más pequeño
y aún recuerdo sus lecciones
sobre el amor, el perdón y el olvido.

Ahora intento ser poeta humano,
dejando volar los pájaros hambrientos,
que en mi corazón anidan,
en busca de esa esperanza, en busca
del pan y el trigo.

Tan sencillo

Quizás todo sea más sencillo
que esta espiral de estrellas
que giran en mi cabeza.
Más sencillo, que este oleaje
que hace tambalear mi corazón
a ciertas horas.

Que mi locura sea tan real
como estos versos que tiemblan
cuando te nombran.

Pudiera ser que mi razón
vaya perdiendo fuerzas
y mis sentimientos sean un delirio
que desconozco.

Pudieran ser,
pero sin embargo, esta locura
que me habita,
sea tal vez la única forma
de sentirme vivo.

Otra primavera

Se conjura el tiempo
y aquel otoño, donde se cayeron mis sueños,
dura demasiado.
Pero quizás vuelva otra primavera
para traerme versos como flores
al jarrón de mi sonrisa.

Correctamente humano

Trazo líneas recticurvas
y marco ángulos imposibles en mi mapa
intento sortear la ruta marcada,
quizás porque no quiero ser correctamente político
sino correctamente
humano.

Barro

No quiero pedir perdón
por haber vivido.
Y aunque insiste la lluvia
en hacer barro en mi camino,
no sabe la lluvia que el barro
dignifica a mis pies.

De puntillas

De puntillas,
como se ha de entrar en los sitios,
con humildad,
sin ruidos...

(también en la poesía)

Temblores

En una calle de mi pueblo,
cuando era todavía un niño,
tiré con fuerza un sueño contra el tronco
de un árbol,

después de tantos años,
aún lo siento temblar.

Caminos sobre trenes,
recuerdos y sueños...

Hay calles
que te pasean solas,
como si conocieran los hábitos de tus pies
y sus soledades

Golpe de realidad

Se supone que hay cielo,
pero sin ti, quizás ya no hubiera.
Todo es tan extraño,
sin ti.

Y me pregunto
como si normal fuera tu ausencia,
dónde te escondes,
porque yo aún sigo vivo
y respiro olfateando como un perro
cada rincón de mi casa
en el que tú estuviste.

Ahora,
no sé qué hacer con tanto vacío,
porque no hay nada que encaje
en tus huecos.

Pero ya vuelvo a respirar,
porque creo que tan sólo necesito
escribirte unos tristes versos,
cuatro lágrimas bien contadas,
otra copa llena de vino
y un buen golpe de realidad.

La vida sigue...
Son las cero horas del día siguiente
y sinceramente, ya
ni me acuerdo
de ti.

Trenes

Hay días que recorro los andenes de la nostalgia,
como si hubiera dejado algo olvidado
en mi último viaje.

Esas vías de hierro
que chirrían al paso de los trenes
me recuerdan los kilómetros que pasé
buscándote.

Quizás me cruzara contigo
por aquellos pasillos tan largos y estrechos
de los correos de medianoche
y no te reconociera.

Me asomaba a las ventanillas
en cada parada de estación,
como los amantes en una despedida,
por si te veía bajar.

Buscaba un sombrero. Un pañuelo,
alguna pista que me dijera —es ella,
la de la mirada triste como mi espejo,
la que buscaba y que nunca conocí—.

Seguramente ya tendrás canas,
desde la última vez que te soñé.

Yo tampoco soy el mismo,
aquel joven universitario de Madrid
que viajaba colado en los trenes
en las madrugadas.

Soy mucho más viejo, pero aún así,
nunca dejé de buscarte.

Trazos de vida

Me hubiera gustado
haber tenido la fuerza de los árboles,
haber dejado mis raíces abrazadas en tus tierras,
entonces, quizás entonces, mis sueños
no hablarían tanto de ti,
sino contigo.

Pero ignoré que el amor no puede ser tan pudoroso
y que a veces habla de forma salvaje con los brazos,
con los labios enrojecidos de tanto beso.

Ignoré, en aquel momento,
llamarte amor, no sólo con mis ojos,
sino con mis dientes.

Siento vergüenza por los pecados
que no me atreví a cometer contigo.

Desde entonces viajo por espacios translúcidos.
Conmigo está tu chal pequeño,
el giradiscos de aquel cuarto,
los zarcillos que te adornaban.
Conmigo viaja tu estampa pequeña
y hasta el timbre redondo de tu voz.

No es magia,
sencillamente nada he olvidado
a no ser que existo sin ti.

Ahora tú regresas brutalmente
en mis sueños, nuevamente renacida,
y quiebras lo ya quebrado,
abriendo mis abismos.

Cuando llegue el momento, tú
sólo aproxímate,
que ya me acostumbré al ayuno de tu carne,
a dejar de ver tus ojos
y me quedé dormido de tanto aprenderte
en un mundo que desconozco.

La vida sigue

Siempre fue fácil dejarte un lugar
entre mis carnes, abrirte un hueco que te permitiera
llegar hasta el último de mis huesos.

Y en aquella hondura,
dejar la ternura que traían tus labios,
siempre rojos,
apuntando a mis sienes.

Yo ya era muerto, entonces
cuando te miraba,
más muerto ahora que te fuiste
y no sé ni dónde estás.

Cuántas huellas dejaste aquellos días,
donde no había
noche, en la que tus manos
no fueran apéndices de las mías.

Pero de la soledad también se aprende.
Ahora apenas sueño contigo,
y bebo absenta a solas en los bares
recordando viejos tiempos
y dilatando mis pupilas, cómo si eso
te hiciera volver.

Pero la vida sigue.
Regreso a casa y apuro una copa de vino,
apago el cigarrillo
y me pongo a escribir cuatro versos
que ya no me hablen de ti.

En mi memoria

La memoria a veces se agarra a ese minuto
que te pasó una vez, que dura tan poco...
pero que es inolvidable
JOAQUÍN SABINA

Nadie me acompañó por aquel desierto
en el que tú no estuviste,
porque hay viajes
que seguramente se deban hacer en soledad.
Sería difícil de entender
si no estás en la piel de un corazón
que nunca olvida,
que nunca quiso olvidar.

Tú quizás sólo fuiste un jirón de niebla,
pero te presentí
desde el fondo más profundo de mis tiempos
y ahora te confieso, mientras escribo,
que descubriste, aún sin saberlo,
mis visiones del amor que nunca muere,
y los temblores
en cada instante de mi vida.

Aún no hace mucho tiempo,
cuando el mundo
me parecía un espejo a quién pedir deseos,
se fundía una esperanza entre mis huesos.

Ahora, es tan sólo una puerta cerrada,
parecida más bien a una lápida fría,
donde crecen hierbas
sobre los viejos recuerdos.

Pudiera parecer raro,
haber vivido tantos años rodeado de amantes
y haberme sentido tan extraño y solo.
Pero he de confesarte que no hay ningún secreto,
porque en realidad,
mi soledad estaba hecha de ti
y eso, me hizo estar vivo.

Caminos de amor
y supervivencia...

Cuando me asaltan tus dudas,
mis certezas vuelan por los aires...
Y tengo que volver a sembrar

Lejos

Quizás hoy tú me habrás visto distante,
que mi amor te resultara lejano,
y es que a veces yo hablo bajito,
hacia dentro
y tú no me escuchaste.

Tal vez con los años
acomodaste tus deseos tan sólo a las noches
y pusiste distancia conmigo,
olvidando mis necesidades de amor,
que con sólo un beso,
una mirada,
o un abrazo inesperado,
así de repente,
como casi nada,

hubiera sido suficiente
para no vernos tan lejos.

Lluvia

Caía la lluvia
de igual manera que ahora
tú caes sobre mí,
de forma intensa, verticalmente,
inundándome la vida.

Si hoy fuera

Si hoy fuera cualquier día,
cualquier día de mi vida,
estaría amando tu cuerpo a todas horas
y buscando tus manos entre las mías.

Estaría perdido entre las olas
del mar profundo que llevas dentro,
nadando entre tus muslos,
escondiéndome del mundo, donde
nunca pasa el tiempo.

Pero amor mío,
me empuja la tristeza hacia otros mares,
y me lanza al vacío de barrancos con lobos hambrientos.
Son momentos en los que siento frío,
en los que mi poesía te abandona
y se enamora del dolor humano,
del olvido y el sufrimiento.

Tú sabes bien, que mis manos padecen
la enfermedad del llanto
y hago mías todas las injusticias
que existen en este mundo.

Tú guárdame un rincón en tu vida,
muy profundo,
porque vuelvo, siempre a tu cuerpo vuelvo.

Porque eres refugio de todas mis derrotas,
y de las heridas desgarradas
de todas mis dudas y mis miedos.

Si esta noche fuera cualquiera,
cualquier noche de mi vida,
estaría maullando por los tejados
esperando el beso de la luna,

y no estaría escribiendo estos versos
tan llenos de tristeza,
y tan cargados de amargura.

El desván del olvido

Si tu conciencia sólo se salva de esta manera,
de todo lo que tú quieras
échame la culpa a mí.
Pero no me culpes del olvido
porque un día dibujaste un mapa que no era el mío,
un mapa, en el que todos los caminos
me llevaban a ti.

Pero mientras tú salías por la puerta trasera
a mí me dejabas junto a las escaleras
que subían al desván del olvido,
donde se guardan las cosas que algún día has querido
y que ahora sólo sirven para mostrar.

Un cuarto oscuro sin ventanas,
sin cielo, ni estrellas, ni aire limpio
que poder respirar.

Y aun así, tú pretendías que no me perdiera.
Pero un día ya lejano, nos perdimos,
me perdiste y me perdí.

De todas maneras, querida mía,
de todo,
de todo lo que tú quieras,
échame la culpa a mí.

Estrechos caminos

Hace ya un tiempo
que se me estrecha el mundo
y me duelen los caminos.

Será,
porque te adueñaste de mis calles
mis aceras y hasta de los escalones del bar
donde yo iba a solas a fumar
y ahora están llenos de colillas tuyas.

Te quedaste con mi lluvia,
y dejaste un poco de desierto en mis bolsillos.
Ahora mi pequeño planeta
es un satélite del tuyo,
dando vueltas como loco detrás de tus anillos,
tus vestidos, tus poses, tus tacones,
tus lágrimas postizas,
y toda esa arenilla que suelta el viento
al pasar.

Poco a poco
te quedaste todos mis espacios
y se me estrecharon las calles de la vida.
Y ahora, la verdad
es que no sé cómo salir
de aquí.

Amor

Si aprendiéramos a desalojarnos
de las verdades absolutas
y creyéramos más en el amor,
descubriríamos,
que no hay mar tan ancho
que cruzar no se pudiera.

Cajones vacíos

Amor,
cuando me vaya,
quiero dejarte una casa vacía,
habértelo dado todo antes de irme,
para que no tengas que llenar cajones
con lágrimas ni recuerdos.

Quiero que te queden vacíos,
vacíos y libres.

Porque amor,
cuando yo me vaya,
no me sigas,
tú, simplemente vive.

Una casa vacía

Has golpeado salvajemente toda
mi estructura
y ahora no me queda más que dos
puertas sin dinteles
y una pared hecha pedazos
sobre mi columna vertebral.

Has dejado que el deterioro
se hiciera dueño de lo poco que teníamos
y que sustentaba
al menos un poco de cariño.

Me arrastras sin remedio y apenas
me quedan uñas para asirme a cualquier sueño.
Te has convertido en el despeñadero
de todas mis esperanzas
y me levanto como un desconocido
sin saber a ciencia cierta que hago aquí,
en esta casa
tan vacía y sin manos.

Calambre de dios

Ya fui muerto entre los vivos,
calambre de un dios
que nunca quiso hacerme el amor.

Entonces me fui a otro mundo
arrastrado por los infiernos
donde inverné cien años.

Ahora regreso vacío. Dispuesto
a arañarme de nuevo la vida,
a morir de amor, si hiciera falta.

Regreso, para que dejes tu puñal
en el armario y vengas al dormitorio
donde te espero,
a decirme que me amas,
como se aman verdaderamente a las cosas
y a los hombres.

Si no es así,
déjame en la puerta y no me hagas entrar
para vengarte de mis sueños.

Lenguaje encriptado

He olvidado el lenguaje
con el que tú me amabas,
ahora no entiendo tus palabras,
idioma encriptado.
Yo pertenezco a otro mundo, donde el amor
es fácil de reconocer dentro
de un corazón.

Un lenguaje sencillo,
libre,
íntimo.

Del amor y sus excusas

No sé cuánto tiempo más aguantará
este papel pintado que pusimos
en las paredes de la casa.
El tiempo y la humedad siempre hace estragos
en el papel y en los sueños.

Así que no habrá más remedio,
por fin, que soportar la verdad
y descubrir todas las imperfecciones
de nuestras vidas.

El amor sujeto con realidades imprecisas,
la ternura disfrazada de almohada,
los hijos como excusas,
los gritos, las poses y las mentiras.

Todo al aire.

Cuando arranquemos este papel pitando
que hay pegado en las paredes
y detrás de los junquillos de las puertas
y las esquinas.

Con las paredes descubiertas
quizás descubramos, por ejemplo,
que todo lo nuestro,
todo, en realidad,
era pura supervivencia.

Árido

Árido de amor el cuerpo mío,
tierra seca llena de madrigueras vacías,
de temblores que van dejando grietas
cada vez más profundas,
habitadas solamente por escarabajos
y escorpiones,
que si no llega pronto la lluvia,
parecerá un desierto.

Y es que estás tan ausente,
que presiento que soy un árbol
esperando,
al que nunca le llegan
tus primaveras.

Y así,
es imposible dejarte frutos.

Ahora que vuelvo

Rotos los cristales,
inmensos mares bañaron mi vida
y ahora que vuelvo,
sólo quiero el sol de tus manos,
palabras
y más palabras de amor.

Déjame las ventanas abiertas
que quiero ver tu corazón entero,
y no detengas mi pálpito,
mi paso agrandado en busca de tus huellas
a través del mar.

No me cierres las ventanas
que vengo con el viento del sur
buscando tu sombra y quiero
derrocharme en ti.

Pero si no quieres,
devuélveme a la vida,
al limbo donde me encontraste,
que ya buscaré un lugar donde dejar mis versos
y un lugar donde morir.

Mi ciudad

No te equivoques,
yo no soy tu ciudad
para que puedas pasear dentro de mí
cada vez que te plazca.

No soy una calle tuya
donde puedas escupir todas las penas
que alimentas
para culpabilizarme de tus tristezas.

No soy tu ciudad,

sino otra distinta
y diversa.

Cajón

Hemos guardado
en nuestro cajón de besos
tantas cosas inútiles;
tantas cuchillas afiladas,
que está a punto de romperse
y tirar tantos años
de ternura.

No salí a buscarte

Yo no salí a buscarte
para llenar los huecos de la nostalgia,
ni jamás pensé en vengarme del tiempo
y sus presagios.
No estabas en las prioridades de mi vida.
Tan sólo te vi y te miré.

Y me di cuenta,
que de alguna forma por extraño que parezca,
el amor que no murió con sangre,
siempre vuelve,
aunque sólo sea para formar
parte de un bonito epitafio
escrito el día de mañana, a la hora
del punto y final.

Qué poco

Qué poco te dura la ternura,
el equilibrio de los labios,
la paz en el lenguaje.

Qué poco te duran las cosas
y las batallas,
aquellas
por la que sí
merecen la pena luchar.

No lo recuerdo

Tristemente,
aquí seguimos, juntamente solos,
mirándonos de reojo,
masticando nuestras dudas,
sin saber ninguno como vivir.

Y ahora, no sé como abrazarte
sin que me duela tanto los huesos,
porque ya no recuerdo bien
en qué momento tu miedo,
como una cortadora de césped,
pasó sobre mí.

Poeta pobre y viejo

No sé bien,
como reparar un corazón roto,
pues sólo soy un poeta pobre y viejo
que a duras penas sostengo en el aire
unos versos que se escapan
de mis manos.

Y la verdad,
que no sé muy bien tampoco
como sujetar tu llanto,
si apenas puedo con mis ojos,
ya cansados y húmedos,
de tanta lluvia
que dejaste caer sobre mí.

Luz

Si quedara una luz
entre tú y yo,
una esperanza,
algún atisbo de ternura
que nos convirtiera en carne de nuevo,

yo, volvería a creer
en el amor.

Reflexiones de un naufragio

En el mar de tus manos
ahora descansa mi vida,
agitada por tantos vientos,
tan vacía de amor
y tan llena de soledad.

Naufragué tantas veces
y en tantos mares,
buscando la isla de mis sueños,
tan torpe y tan ciego,
sin darme cuenta,
que mi isla perdida,
eras tú.

Polizonte

Yo que soy un polizón de la vida
y que tuve la suerte de encontrar un hueco
bajo las escaleras de tus huesos,
aquí me quedo,

al rebufo de tu boca,
bajo la oscuridad de tus faldas,
esperando
que no me delates.

Me dice mi hija

Mi hija dice,
que tengo cajones llenos de miserias.
Que inconscientemente lo guardo todo.
Libros que nunca leeré,
chapas que jamás engancharía a la solapa,
arena de playas desiertas con picores de medusas,
abrazos que nunca lo fueron gratis,
borradores de tinta china para no dejar rastro
y un sinfín de recuerdos,
que la verdad,
nunca servirán para nada.

Me cuesta menos tirar los muebles
poner en marcha la trituradora
y dejar la casa vacía
para que no vuelva a crecer mala hierba
y que vuelvas tú.

Así habitarnos de nuevo
en rincones limpios, para llenarlos de amor
y poesía.

Caminos sobre mi sangre...

Te vi

A mi hermano Juan Antonio

Reconocí las piedras de la calle,
la valla,
el árbol
y las esquinas.
Y aunque tú no estabas,
cerré los ojos
y te vi...

Juro que te vi.

En un suspiro

A mi madre

La última vez que vi las ventanas
de tus ojos abiertas,
mis manos estaban sobre ti.

Era una madrugada de febrero muy fría
y un suspiro,
como una despedida de amor,
cerró de golpe todas las cortinas del mundo,
dejando a oscuras tu vida
y huérfano a mi corazón.

Hoy sigo caminando...

Cumpleaños y utopía

Se abre el tres de noviembre
con un sol que parece una esperanza redonda,
como una manzana fresca
en mi boca.

Un día como hoy,
fui amor y fui un grito,
porque nací de las entrañas de una mujer
y de la Tierra.

De ellas aprendí,
que amar era mucho más que un verbo
y que el grito era, como dijo el poeta,
la voz antigua de la Tierra.

¿Cómo resumir en estos versos
la historia de mi vida?
¿Cómo hacerlo sin derramar lágrimas,
de contener la rabia y derrochar
tanto amor en cada uno de mis días?

Pero hoy, como soy presente
el amor y el grito son una misma canción.
Amo, grito y denuncio al dios de los lagartos,
que estos días fabrica guerras
y nos cuenta las mentiras de siempre.

Jamás los lobos cuidan las ovejas.

Nosotros decidimos si queremos ser
cómplices de la estupidez humana
y en qué lado de la historia
queremos vivir y morir.
Yo que soy heredero del amor
digo que quiero ser vivo y quiero ser muerto
junto a los héroes de la vida.

Amiga mía, es la mariscadora gallega
de las rías. Amigo mío es el jornalero
andaluz, el panadero de la esquina
que conoce las madrugadas,
el marinero que no sabe si volverá,
el maestro de vocación o el médico
que cura antes de cobrar el salario.

Ellos sí que hacen los milagros,
y multiplican el pan y los peces.

Al otro lado de la historia
está el dios de los Lagartos, recostado
al sol de la avaricia y a la sombra del poder.
Enumerando a las personas
y contabilizando las ganancias.

Yo sólo soy grito y amor,
eco de la voz antigua de la Tierra.
Un pobre poeta que apenas
sabe cantar.

Ahora,
cuando son las seis de la mañana
de este tres noviembre, me levanto
de la cama con mi canción.
Tomo mi café, me fumo un cigarrillo
y como todos los días salgo a pasear
con mí sueño bajo el brazo
y la utopía
en mi corazón.

Índice

CAMINOS SOBRE TRENES, RECUERDOS Y SUEÑOS...

CAMINOS DE AMOR Y SUPERVIVENCIA...

CAMINOS SOBRE MI SANGRE...

HOY SIGO CAMINANDO...

Esta obra
se acabó de imprimir
con los auspicios de
Charo Fierro y
Antonio J. Huerga, editores

FINIS CORONAT OPUS